AURÉLIEN COHEN

RECETTES ET BÊTISES

UN LIVRE DE PÂTISSERIE POUR ENFANTS

SOLAR

Quelle est cette **odeur douce** et **chaleureuse**, qui vient chatouiller le bout du nez ? C'est sucré et réconfortant. Une pâte qui gonfle dans le four, un chocolat qui fond doucement sur le feu, une compotée de fruits qui caramélise lentement... La pâtisserie, c'est vraiment **le paradis des enfants** (et des grands aussi, mais chut, c'est un secret !).
Que ce doit être fabuleux d'être pâtissier, on doit pouvoir se régaler toute la journée !
Et si on se mettait nous aussi à pâtisser ? Enfilons notre tablier, retroussons nos manches et ouvrons la porte de la pâtisserie d'Aurélien. Je sens que nous allons vivre **une grande aventure**.

SOMMAIRE

LA PÂTISSERIE EN DÉSORDRE

1 LA FOLIE DU CHOCOLAT
Dans la pâtisserie d'Aurélien

2 REPAS GOURMANDS
À la campagne chez Papi & Mamie

LES CONSIGNES D'AURÉLIEN POUR LES PETITS CHEFS AVANT D'ENTAMER UNE RECETTE !

Chers petits chefs, je sais à quel point vous trépignez d'impatience de vous lancer en cuisine pour réaliser de bons gâteaux ! Mais pour que tout se passe comme il faut, voici mes conseils de chef !

1. Aie toujours les mains propres

Avant de commencer, lave-toi bien les mains avec de l'eau et du savon. L'hygiène c'est très important en cuisine. Et si tes mains ne sont pas lavées, tu ne pourras pas touiller !

2. Mets ton tablier de chef

Pour ne pas tacher tes vêtements, enfile ton plus beau tablier… et en route pour la mission pâtisserie !

3. Demande de l'aide à un adulte

Pour couper, casser les œufs ou utiliser le four, appelle un grand. C'est plus sûr, et encore plus rigolo à deux !

4. Lis toute la recette avant de commencer

Avant de mélanger, il faut comprendre ! Lis bien la recette avec un adulte pour ne rien oublier.

5. Prépare tous les ingrédients à l'avance

Pèse bien et mets tout sur la table comme un vrai chef. Comme ça, tu es prêt à cuisiner sans courir partout !

6. Sois patient, c'est important

Certaines recettes demandent du repos ou de la cuisson. Profites-en pour lire une histoire, ou dessiner ton gâteau pendant qu'il cuit !

7. Range au fur et à mesure

Même les meilleurs pâtissiers nettoient leur plan de travail en cuisinant. Connais-tu la danse de l'éponge magique ? Demande à un adulte de te l'apprendre !

8. Savoure en partageant

Une pâtisserie, c'est encore meilleur quand on la partage. Alors surtout, pense à partager tes réalisations avec les gourmands qui t'entourent !

UN MOT (TRÈS) SÉRIEUX POUR LES GRANDS AVANT D'ENTAMER UNE RECETTE !

Quand un enfant cuisine ou pâtisse, parfois ça colle, ça déborde, ça éclabousse… mais c'est comme ça qu'on apprend !

Alors, laissez vos petits chefs **touiller, verser, rater, recommencer et rigoler**. Oui, il y aura peut-être un œuf par terre ou un peu de farine dans les cheveux (les leurs… ou les vôtres !). Mais n'intervenez que **si ça sent le brûlé** ou **s'ils vous appellent à l'aide.**

Et surtout : **encouragez, admirez, goûtez… et découvrez, dans leurs yeux, ce merveilleux sentiment de fierté** !

AURÉLIEN COHEN
PÂTISSERIE CHOCOLATERIE

3 PETITS ET GRANDS GÂTEAUX
Le dimanche à la maison

4 FARANDOLES DE FRUITS
Dans le jardin enchanté des vacances

Choisis ta recette en fonction du niveau de difficulté.
Pour t'aider, tu trouveras un de ces petits personnages au début de chaque recette.

MINI CHEF ! APPRENTI CHEF ! GRAND CHEF !

La lumière de la pâtisserie est allumée, mais il n'y a personne. Tout d'un coup, un grand fracas résonne derrière la porte qui mène au laboratoire. Des ustensiles sont tombés par terre, des **taches de chocolat** recouvrent le mur, de la farine et du sucre se sont renversés. Tout est en désordre. Que s'est-il donc passé ?

Un **léger ronronnement** est perceptible un peu plus loin, dans l'espace chocolaterie. On dirait celui de la machine à enrober les chocolats. C'est ici qu'Aurélien fabrique ses oursons en guimauve. Mais s'il n'y a personne, pourquoi la machine fonctionne-t-elle toute seule ? Et quel est donc ce drôle de nuage ?

Le tapis roule, roule
quand, soudain,
deux petits oursons
apparaissent.

Voici Charlie et Anna, deux oursonnes... **en chocolat** ?
On ne dirait pas ! Avec un cœur en **guimauve** ? Pas sûr non plus.
Mais alors, pourquoi se sont-elles réveillées là ?

« Vite, il faut remettre de l'ordre dans la pâtisserie », susurre une voix de souris. Cette petite voix, c'est celle de Souricette. Elle adore ramasser les miettes. Aurait-elle vu ce qu'il s'est passé ? Souricette est toute petite, mais qu'est-ce qu'elle va vite ! Suivons-la avant qu'elle ne prenne la **poudre d'escampette**.

Sucre
En
Poudre

CHAPITRE 1

LA FOLIE DU CHOCOLAT

Dans la pâtisserie d'Aurélien

LES OURSONS EN GUIMAUVE « CHARLIE »

La machine à enrober est encore en train de tourner.
« Si l'on fabrique d'autres oursons, peut-être qu'ils pourront nous aider à remettre de l'ordre dans la pâtisserie », propose Charlie.

Anna, elle, rêve surtout de goûter la guimauve.
Ça lui fait penser à **un nuage moelleux et sucré**.

INGRÉDIENTS

3,5 FEUILLES DE GÉLATINE (7G)

225 G DE SUCRE EN POUDRE

22 G DE SIROP DE GLUCOSE

2 BLANCS D'ŒUFS

400 G DE CHOCOLAT NOIR (À 65-75 % DE CACAO)

MATÉRIEL

1 BALANCE

1 FOUET ÉLECTRIQUE

1 MICRO-ONDES (OU 1 BAIN-MARIE)

1 BOL ET 1 SALADIER (OU 1 CUL DE POULE)

1 SPRAY DE DÉMOULAGE

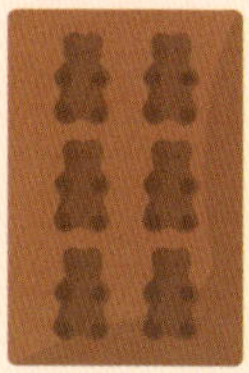

1 MOULE EN SILICONE EN FORME DE PETITS OURSONS

1 SPATULE SOUPLE

1 CASSEROLE

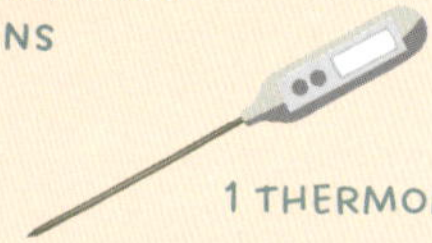

1 THERMOMÈTRE

GRAND CHEF !

RECETTE

POUR 10 OURSONS

PRÉPARATION : 20 MIN • REPOS : 1 NUIT • CUISSON : 5 MIN

La veille

1 Commence par faire tremper la **gélatine** dans un bol d'eau froide pendant 10 minutes. Après, presse-la bien entre tes mains pour enlever l'eau.

2 Fais chauffer le **sucre** et le **sirop de glucose** dans une casserole avec **70 g d'eau** pendant 2 minutes, jusqu'à ce que ça bouillonne.

3 Pendant que ça chauffe, monte les **blancs d'œufs en neige** dans un saladier avec ton fouet électrique… mais pas trop fermes, juste mous et doux, comme des nuages. C'est important pour que tes oursons soient bien moelleux !

4 Quand la casserole a fini de chauffer, enlève-la du feu. Mets la gélatine essorée dedans, mélange, puis **verse doucement ce sirop tout chaud sur les blancs** mousseux. Continue de battre jusqu'à ce que la guimauve soit tiède et fondante.

5 Avec une grosse cuillère (ou une poche à douille), remplis tes moules à oursons avec cette guimauve magique. Surtout, n'oublie pas de **graisser ton moule à oursons** avec un spray ou un peu d'huile, sinon ils vont coller comme du chewing-gum ! Ensuite, place tout ça au frigo **pour une nuit entière**. Les oursons vont dormir et devenir bien fermes.

Le lendemain, démoule tes oursons tout mignons et pose-les sur du papier cuisson.

1 Fais fondre ton **chocolat** dans un saladier au bain-marie ou au micro-ondes (avec l'aide d'un adulte), en mélangeant bien avec une spatule Quand il est fondu, laisse-le un peu **refroidir jusqu'à 28 ou 29 °C** (tu peux utiliser un thermomètre ou demander à un grand). Puis réchauffe-le un tout petit peu **jusqu'à 31 ou 32 °C** : c'est la température parfaite pour avoir un chocolat tout brillant.

2 **C'est le moment de plonger tes oursons** dans leur bain de chocolat chaud ! Utilise une fourchette, trempe-les bien, puis enlève l'excès de chocolat en les frottant un peu sur le bord du saladier. Pose-les sur du papier cuisson et attends que le chocolat devienne **dur et craquant**.

3 Et si tu veux faire comme Charlie et Anna, fais fondre du **chocolat au lait** et fais de jolies rayures sur tes oursons tout chocolatés ! Trop la classe !

L'ANECDOTE D'AURÉLIEN

TU SAIS QUOI ? LES OURSONS EN GUIMAUVE N'ONT PAS TOUJOURS EXISTÉ.

Un jour, un pâtissier un peu magicien s'est dit : « Et si je mettais un nuage tout doux dans une couverture en chocolat ? »
Alors, il a pris de la **guimauve fondante** et il l'a cachée dans du **chocolat craquant**.
Mais pas n'importe comment ! Il a choisi une forme rigolote : **un petit ourson tout mignon**.
Et hop, les **oursons en guimauve au chocolat** étaient nés ! Depuis, ils font fondre les cœurs (et les papilles) des petits et des grands… surtout quand on leur croque les oreilles !
Et pourquoi ai-je appelé mes oursons Charlie ? Il s'agit d'un clin d'œil à ma fille Charlie (qui adore le chocolat) et à la célèbre histoire *Charlie et la chocolaterie* !

LE TRUC EN + DE SOURICETTE

Tu préfères le chocolat au lait ?
N'hésite pas à inverser les chocolats en faisant fondre du chocolat au lait pour le bain des oursons et à utiliser du chocolat noir pour les jolies rayures !

Et pour une guimauve encore plus gourmande, tu peux y mettre de la vanille ! Voici comment faire.

Au moment de préparer le sirop dans la casserole, ajoute **1 gousse de vanille** grattée et fais-la chauffer avec **l'eau, le sucre et le sirop de glucose** pendant 2 minutes, jusqu'à ce que ça bouillonne.

Il suffit ensuite de suivre le reste de la recette ! Les oursons auront un délicieux goût de vanille !

LE FONDANT BAULOIS D'ANNA

(ET DE TOUS LES AMOUREUX DE CHOCOLAT !)

« Tu devrais porter un tablier, suggère Charlie en riant, tu es couverte de **chocolat** ! »

Mais Anna n'en voit pas l'utilité. Alors que sa grande sœur s'applique à suivre la recette, pour Anna, chaque tâche est une invitation à goûter la préparation. Avec cette **texture liquide et tiède**, on ne peut qu'avoir envie d'y passer un coup de langue !

INGRÉDIENTS

120 G DE CHOCOLAT NOIR
(À 60-75 % DE CACAO)

140 G DE BEURRE
DEMI-SEL

160 G D'ŒUFS
(3 GROS ŒUFS)

20 G DE FARINE

145 G DE CASSONADE
(OU DE VERGEOISE)

1 PINCÉE
DE FLEUR
DE SEL

MATÉRIEL

1 BALANCE

1 GRAND SALADIER
(OU 1 CUL DE POULE)

1 FOUET ÉLECTRIQUE
(OU 1 ROBOT PÂTISSIER)

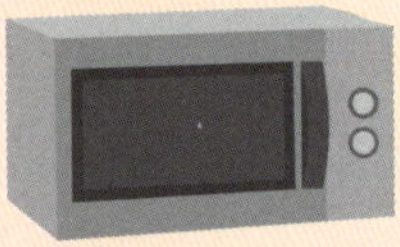

1 MICRO-ONDES
(OU 1 BAIN-MARIE)

1 CASSEROLE

1 SPATULE
SOUPLE

1 MOULE ROND DE 18 CM
DE DIAMÈTRE

RECETTE

Un fondant au chocolat qui fond comme un câlin !

POUR 8 PERSONNES
PRÉPARATION : 20 MIN • REPOS : 3 H
CUISSON : 40 À 45 MIN

1. D'abord, fais fondre le **chocolat noir** avec le **beurre** coupé en petits bouts. Tu peux le faire au micro-ondes ou dans une casserole posée sur un bain-marie (demande à un grand de t'aider !). Mélange bien avec une spatule et laisse le tout tranquille un moment.
2. Casse les **œufs** dans un grand saladier (ou dans le bol d'un robot). Ajoute la **cassonade** et vite, vite, bats-les avec le fouet électrique pendant au moins 5 minutes. Tu dois obtenir une **mousse toute légère**, comme un coussin !
3. Ajoutes-y le **chocolat fondu** avec le **beurre** et mélange **tout doucement** avec ta spatule pour ne pas écraser ta jolie mousse. Puis ajoute la **farine** et la **fleur de sel** pour la touche magique.
4. **Beurre bien ton moule**, puis mets un peu de farine dedans. Comme ça, ton fondant ne collera pas et sortira du moule comme un roi. Verse la pâte dans le moule et… **attends 1 heure** avant de le cuire ! Oui, c'est long, mais c'est le secret pour un fondant **super moelleux**.
5. Préchauffe le **four à 125 °C (th. 4-5)**, puis fais cuire ton gâteau pendant **35 à 40 minutes**. Ensuite, laisse-le **refroidir complètement** (ou mets-le au frigo 2 heures si tu veux une texture super humide et fondante !).
6. Et voilà ! Un fondant tout doux, tout chocolaté… et prêt à faire danser tes papilles !

L'ANECDOTE D'AURÉLIEN

Dans cette recette, je te recommande d'utiliser de la vergeoise ou de la cassonade. Tous les deux sont des sucres blonds, mais ils ne proviennent pas de la même plante et n'ont pas le même goût !
Mais au fait, connais-tu l'histoire et les origines du sucre ?

L'histoire rigolote du sucre qui adore voyager

Tu sais, le sucre, ce petit coquin qui aime se cacher dans les bonbons et les gâteaux ? Eh bien, il vient de deux plantes super différentes, un peu comme deux copains qui n'habitent pas dans le même quartier !

Madame Canne-à-Sucre

Elle est grande et elle vit au soleil ! On la trouve dans des régions très chaudes comme l'Afrique ou les **îles tropicales**. On la coupe, on la presse comme une orange, et splatch ! elle donne un jus tout sucré.

Madame Betterave-Sucrière

Elle, c'est une racine un peu timide qui vit sous la terre, comme une taupe ! Elle pousse dans des **pays plus froids**, en Europe par exemple. Quand on la lave, qu'on la coupe et qu'on la fait cuire, elle dit : « Tiens, voilà mon sucre ! »

Et tu sais quoi ?
Que le sucre vienne de Madame Canne ou de Madame Betterave, ils finissent tous les deux dans tes gâteaux à faire la fête avec le chocolat et les œufs !

LE TRUC EN + DE SOURICETTE

Pour un fondant encore plus gourmand, voici une recette de crème anglaise à servir avec ton gâteau !

CRÈME ANGLAISE À LA VANILLE

POUR 8 PERSONNES • PRÉPARATION : 15 MIN • CUISSON : 10 MIN

INGRÉDIENTS : 500 g de lait • 90 g de sucre en poudre
1 gousse de vanille • 5 jaunes d'œufs

1 Verse le **lait** et une partie du **sucre** (55 g) dans une casserole. Coupe la **gousse de vanille** en deux et gratte les petites graines. Mets les **graines** et la **gousse** dans le lait. Fais chauffer jusqu'à ce que ça bouillonne un peu (avec un adulte !).

3 Fouette les **jaunes d'œufs** avec le **reste du sucre** dans un saladier. Enlève la gousse du lait, puis verse doucement le lait chaud sur les œufs. Mélange avec une cuillère en bois. Remets tout dans la casserole et fais chauffer **tout doucement** en mélangeant **sans t'arrêter**. Pour savoir si c'est prêt : trempe une cuillère en bois dans la crème et traces-y un trait avec ton doigt. Si le trait ne s'efface pas, c'est prêt !

4 Verse la crème dans un bol, recouvre-la avec du film alimentaire et mets-la au **frigo** jusqu'à ce qu'elle soit bien froide. Ensuite, verse-la autour d'une belle part de fondant tiède !

Conservation magique

Tu peux garder ta crème anglaise au frigo pendant **2 jours**, dans une boîte fermée (si tu n'as pas tout mangé avant !).

LES ESQUIMAUX GLACÉS

(PARFAITS POUR L'ÉTÉ)

Il est temps de passer aux esquimaux au **chocolat**.
C'est un peu comme une sucette avec un bâtonnet en bois.
Au début, ça pique les dents tellement c'est froid !
Mais après un « croc », on peut découvrir ce qui
se cache à l'intérieur : une crème **glacée** à la vanille...

INGRÉDIENTS

400 G DE CHOCOLAT NOIR

260 G DE CRÈME LIQUIDE ENTIÈRE (BIEN FROIDE !)

½ GOUSSE DE VANILLE

AMANDES HACHÉES

90 G DE CONFITURE DE LAIT (OU DE LAIT CONCENTRÉ SUCRÉ)

MATÉRIEL

1 BALANCE

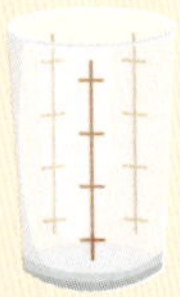

1 GRAND VERRE DOSEUR (OU 1 GRAND PICHET)

BÂTONNETS EN BOIS

1 SPATULE SOUPLE

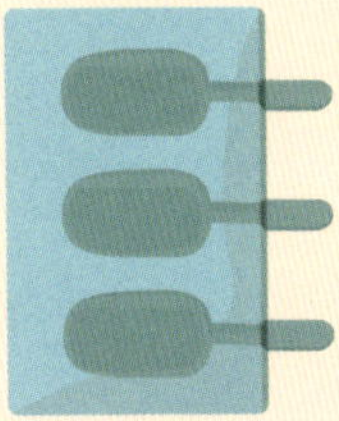

1 MOULE À ESQUIMAUX EN SILICONE

1 GRAND SALADIER (OU 1 CUL DE POULE)

1 MICRO-ONDES (OU 1 BAIN-MARIE)

1 FOUET ÉLECTRIQUE

APPRENTI
CHEF !

RECETTE

POUR 8 MINI-ESQUIMAUX (OU 4 GRANDS)
PRÉPARATION : 30 MIN • CONGÉLATION : 6 H
CUISSON : 3 MIN

1 Commence par ouvrir la **demi-gousse de vanille** avec un couteau (demande à un grand de t'aider) et gratte les **petites graines toutes noires** à l'intérieur.

2 Dans un grand saladier, verse la **crème bien froide** et ajoute les graines de vanille. Attrape ton fouet électrique et fais monter tout ça en **chantilly nuageuse** ! Ajoute la **confiture de lait** (miam !) et fouette encore un peu pour bien tout mélanger.

3 Verse ta crème toute douce dans des **moules à esquimaux** et, surtout, **n'oublie pas le bâtonnet** ! Hop, au congélateur pour **au moins 6 heures** (patience, petit gourmand !).

4 Quand c'est bien congelé, fais fondre ton **chocolat** au micro-ondes ou au bain-marie. Verse-le dans un **pichet haut** (comme un verre géant) et ajoute des **amandes hachées** si tu veux du croquant. Laisse le chocolat **tiédir un peu** (il ne doit pas être brûlant !).

5 Démoule tes **esquimaux gelés**, trempe-les vite dans le chocolat... et, magie ! Le chocolat durcit tout autour ! Tu peux les **croquer tout de suite** ou bien les emballer et les remettre au congélateur pour plus tard (si tu arrives à résister !).

L'ANECDOTE D'AURÉLIEN

POURQUOI ON APPELLE ÇA UNE GLACE « ESQUIMAU » ?

Tu crois que c'est parce que c'est tout froid comme un bonhomme qui vit au pôle Nord ? Eh bien… **presque !**

Un jour, il y a eu un film au cinéma qui s'appelait ***Nanouk l'Esquimau***. C'était l'histoire d'un monsieur très courageux qui vivait dans la neige avec sa famille. Et pendant la projection du film, devine ce qu'on vendait aux spectateurs ? Des glaces sur un bâton, toutes froides et recouvertes de chocolat croquant ! Depuis ce jour-là, ces glaces ont gardé le nom du film… et on les appelle toujours des **esquimaux** ! Même si Nanouk n'en mangeait sûrement pas tous les jours !

LE TRUC EN + DE SOURICETTE

Choisis ton chocolat comme un chef !

Tu veux enrober tes glaces ? Alors, fais-toi plaisir !

Tu peux prendre **le chocolat que tu préfères** :

- du **noir** si tu veux du fort ;
- du **lait** si tu veux du doux ;
- du **blanc** si tu veux du sucré ;
- ou même du **chocolat blond**, si tu veux jouer les gourmands !

Et si tu préfères les **noisettes** aux **amandes**, pas de souci, **c'est toi le chef des esquimaux** !

Pour finir, tu peux saupoudrer tes glaces de **petits vermicelles multicolores ou en chocolat** juste après les avoir trempées dans le chocolat fondu... Comme si tu mettais des confettis sur une glace qui fait la fête !

LA MOUSSE AU CHOCOLAT DE MAMIE OURSON

Mamie Ourson a promis d'apprendre à Charlie
et Anna comment faire sa célèbre **mousse au chocolat**.

« Est-ce que la mousse au chocolat,
c'est comme un **bain de mousse**
avec des **bulles en chocolat** ? »,
demande Anna.

« Je pense que c'est encore
plus doux qu'un bain, et surtout
plus gourmand ! », lui répond Charlie.

INGRÉDIENTS

230G DE CHOCOLAT NOIR
(60-75% DE CACAO)

30G D'HUILE NEUTRE
(HUILE DE PÉPINS
DE RAISIN)

5 BLANCS
D'ŒUFS

2 JAUNES
D'ŒUFS

60G DE SUCRE
EN POUDRE

MATÉRIEL

1 BALANCE

1 FOUET
ÉLECTRIQUE

2 GRANDS SALADIERS
+ 1 BOL

6 VERRINES

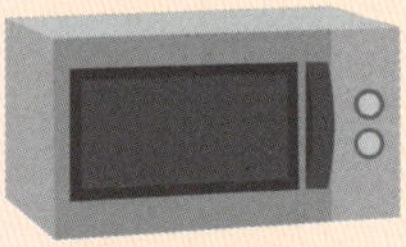
1 MICRO-ONDES
(OU 1 BAIN-MARIE)

1 SPATULE
SOUPLE

MINI CHEF !

RECETTE

POUR 6 PERSONNES

PRÉPARATION : 20 MIN • RÉFRIGÉRATION : 3 H • CUISSON : 3 MIN

1 D'abord, fais fondre le **chocolat en morceaux** dans un bol, au micro-ondes ou au bain-marie (attention à ne pas te brûler !). Quand c'est bien fondu, ajoute l'**huile** et mélange bien pour que ça devienne tout brillant.

2 Verse les **jaunes d'œufs** dans le chocolat fondu et mélange bien. Puis laisse cette préparation tranquille un petit moment.

3 Maintenant, verse les **blancs d'œufs** dans un grand saladier. Avec ton **fouet électrique**, bats-les en neige, tout en ajoutant le sucre en 3 fois. Tu dois obtenir une belle mousse blanche, comme des nuages pas trop fermes !

4 Avec une **spatule souple magique** (qu'on appelle aussi une Maryse), ajoute petit à petit les blancs en neige dans le chocolat, tout doucement pour ne pas les casser. Verse ta mousse toute légère dans des **verrines** (ou des petits bols), et zou ! **Au frigo pendant au moins 3 heures** pour qu'elle devienne bien ferme.

5 Et après… tu peux **plonger ta cuillère** dedans comme si tu pêchais du bonheur !

L'ANECDOTE D'AURÉLIEN

LES BLANCS EN NEIGE : PAS BESOIN DE FAIRE L'EVEREST !

Tu sais, dans beaucoup de recettes, on te dit : « **Monte les blancs en neige TRÈS très fermes !** » Mais... en vrai, ce n'est **pas** une **super idée** !

Pourquoi ? Parce que si tu fais une **banquise trop dure** avec tes blancs, tu seras obligé de **la casser** pour la mélanger au chocolat fondu. Et là... adieu la belle neige mousseuse !

Ce que l'on veut, c'est plutôt une neige toute douce, comme celle qu'on trouve dans les montagnes quand il vient juste de neiger : de la **neige poudreuse**, légère comme un nuage ! Alors, quand tu montes tes blancs en neige, arrête-toi **quand ils tiennent bien, mais ils doivent rester souples**. Pas besoin d'avoir une banquise, on veut une neige rigolote, qui aime faire des câlins au chocolat !

LE TRUC EN + DE SOURICETTE

Pour une mousse encore plus gourmande, voici une recette de praliné à verser sur la mousse au chocolat.

PRALINÉ NOISETTE GOURMAND

POUR 6 PERSONNES • PRÉPARATION : 20 MIN • CUISSON : 20 MIN

INGRÉDIENTS : 220 g de noisettes • 100 g de sucre en poudre 3 g de fleur de sel

1 Demande à un adulte de mettre les **noisettes** sur une plaque et de les faire torréfier dans le **four** pendant **20 minutes à 160 °C (th. 5-6)**. Elles vont devenir toutes dorées et sentir super bon ! Laisse-les **refroidir un peu** (attention, c'est chaud au début !).

2 Dans une casserole, verse du **sucre** et 1 cuillerée à café d'eau. Fais chauffer jusqu'à ce que le sucre fonde et devienne comme un **caramel doré** (ça sent le bonbon !). Verse le caramel fondu sur une **feuille de papier cuisson**, laisse-le **refroidir complètement**. Il va devenir dur comme du verre !

3 Quand tout est froid, casse le **caramel en morceaux** et mets-les dans un robot mixeur avec **200 g de noisettes grillées** (garde le reste pour décorer plus tard). **Mixe par petits coups** (avec un adulte bien sûr !). Tu vas voir : d'abord ça fait de la poudre, puis ça devient une pâte toute brillante. C'est ça, le **praliné** !

4 Ajoute la **fleur de sel** et mélange avec une cuillère. Tu n'as plus qu'à saupoudrer un peu de **praliné** sur **les mousses au chocolat** une fois qu'elles ont raffermi au réfrigérateur. Et n'oublie pas d'ajouter les **noisettes** que tu avais gardées pour que ce soit encore meilleur !

« Il y a tellement de façons de manger du chocolat, s'exclame Charlie. **Moelleux, fondant, mousseux, glacé**. Je pourrais en cuisiner toute la journée ! » Anna, elle, pourrait en manger sans jamais s'arrêter.

Souricette a suivi toutes les recettes et, bien qu'elle en ait profité pour les goûter en cachette, **la voici qui chuchote à l'oreille des oursonnes** avec une voix tremblotante : « Je crois qu'il y a un monstre dans la pâtisserie. J'ai croisé de **grands yeux ronds** dans un placard, il a bondi et s'est dirigé vers le comptoir. Est-ce que vous pourriez aller voir ? »

« **Un monstre ?** Ça alors, quelle drôle d'histoire ! C'est peut-être lui qui a mis toute la pâtisserie en désordre », pense Charlie. « Voici un poil de monstre », dit Souricette en tendant la main. Charlie et Anna suivent les traces et s'approchent à pas de loup du comptoir. Toutes les boîtes à gâteaux sont en bazar. D'un coup, le monstre sort de sa cachette et bondit, les pattes écartées. Son poil gris est tout hérissé, ses yeux écarquillés. **Charlie et Anna se cachent dans une boîte.**

« **Mais c'est un chat !** dit alors Charlie, soulagée.
Qu'il est drôle avec ses oreilles pliées ! »
Soudain, **un grand tremblement** secoue la boîte !
Charlie et Anna roulent et s'accrochent comme elles peuvent.
C'est comme si la boîte était en mouvement. Charlie soulève le couvercle et **découvre avec stupeur qu'elles ont quitté la pâtisserie.**

pâtisserie
Café
Poissonnerie
Librairie
Fleurs
Maraîcher
gare
École

Quel voyage épuisant ! Charlie et Anna en ont le ventre tout retourné mais, heureusement, **elles reconnaissent la maison de Papi et Mamie Ourson**. « Regarde ! s'exclame Charlie, une liste d'ingrédients pour préparer de nouvelles recettes ! »

Anna fait tomber quelques miettes de **cookies** qu'elle a grignotés pendant le voyage. Mais attention, des poules curieuses s'approchent et les regardent avec un drôle d'air. L'une d'elles veut mordre la couche d'Anna. Mais **Charlie prend la main de sa sœur** et l'entraîne vers la maison.

CHAPITRE 2

Repas Gourmands

À la campagne chez Papi et Mamie

CHERCHE ET TROUVE

- ŒUFS
- LAIT
- CARAMEL
- MIEL
- VANILLE

Charlie

LES PANCAKES DU PETIT DÉJEUNER

Encore mieux que des crêpes : **des pancakes** !
Plus épais, plus moelleux… Anna et Charlie ne peuvent pas rêver mieux pour le **petit déjeuner**.
Chez Papi et Mamie, on a toujours le ventre bien rempli.

INGRÉDIENTS

300 G DE FARINE T55

60 G DE SUCRE EN POUDRE

13 G DE LEVURE CHIMIQUE

1 GROS ŒUF

20 G D'HUILE

4 G DE SEL FIN

385 G DE LAIT DEMI-ÉCRÉMÉ

MATÉRIEL

1 BALANCE

1 GRAND SALADIER (OU 1 CUL DE POULE)

1 FOUET

1 SPATULE SOUPLE

1 LOUCHE

1 POÊLE

MINI
CHEF !

RECETTE

POUR 15 PANCAKES
PRÉPARATION : 10 MIN • CUISSON : 1 À 2 MIN PAR CÔTÉ

1 Commence par mélanger au fouet la **farine** avec le **sucre**, le **sel** et la **levure** dans un grand saladier. Puis, ajoute l'**œuf**, l'**huile** et environ un tiers du **lait**.

2 Mélange avec le fouet, puis ajoute ensuite le deuxième tiers du lait et mélange de nouveau. Enfin, ajoute le reste du lait et finis de mélanger. Il faut essayer de **ne pas avoir de grumeaux** !

3 Tu peux ensuite faire cuire tes pancakes dans une poêle antiadhésive ou légèrement graissée et bien chaude. Fais cuire 1 louche de pâte à feu moyen jusqu'à ce que **des bulles apparaissent** sur ton pancake, puis retourne-le à l'aide d'une spatule pour faire **cuire le deuxième côté**.

4 La pâte à pancakes se conserve au réfrigérateur pendant 48 heures pour en manger tout le week-end !

L'ANECDOTE D'AURÉLIEN

DIS, SAVAIS-TU QUE LES CRÊPES AVAIENT UN COUSIN AMÉRICAIN ?

C'est le **pancake** ! C'est un peu comme une crêpe… mais qui aurait mangé trop de nuages, car il est **beaucoup plus dodu et moelleux** !
Les Américains l'adorent au petit déjeuner, surtout avec du **sirop d'érable** qui coule dessus comme une rivière sucrée. Et tu sais quoi ? Le secret pour que les pancakes soient bien gonflés, c'est qu'on y met de la **levure magique** !
Alors, la prochaine fois que tu mangeras un pancake, imagine qu'il vient tout droit d'un **brunch américain**, fier de sa hauteur et prêt à se faire **tartiner de gourmandise** !

LE TRUC EN + DE SOURICETTE

Tu as envie d'encore plus de gourmandise ?
Alors, prépare une sauce au caramel salé...
toute douce et toute fondante !

LA SUPER SAUCE AU CARAMEL QUI COLLE AUX DOIGTS (MAIS C'EST TROP BON !)

POUR 6 PERSONNES • PRÉPARATION : 10 MIN • CUISSON : 10 MIN

INGRÉDIENTS : 150 g de sucre en poudre • 75 g de beurre demi-sel
190 g de crème liquide entière (bien chaude comme un bain de soleil)

1 Verse **la moitié du sucre** dans une casserole sur feu tout doux. Attends qu'il fonde comme de la neige au soleil, puis ajoute **l'autre moitié** et laisse-la fondre aussi. Tu dois obtenir un caramel **tout doré.**

2 Ajoute le **beurre coupé en morceaux** et mélange avec une spatule (comme si tu faisais une potion secrète !). Maintenant, **verse doucement** la **crème bien chaude** dans ta potion sucrée et mélange, mélange, mélange pendant **2 à 3 minutes** à feu doux. Pas le droit de s'arrêter !

3 Quand c'est prêt, verse ton caramel dans un **bol** ou un **petit pot**, laisse-le refroidir un peu... et hop, au frigo ! Ce caramel est parfait sur des **pancakes**, des **glaces**, ou juste... sur une petite cuillère. Mais, chuuut, c'est notre secret !

LE PAIN PERDU AUX ÉPICES DE NOËL

Le sapin trône dans le salon, le feu crépite dans la cheminée,
des petites lumières s'illuminent toute la journée.
Pas de doute, Noël va bientôt arriver !
Quelle **douce magie** !

Mamie suggère de préparer un **pain perdu**.
« Mais s'il est perdu, comment va-t-on le retrouver ? »,
demande Anna.

INGRÉDIENTS

1 BRIOCHE

60 G DE SUCRE EN POUDRE

15 G DE BEURRE

2 ŒUFS

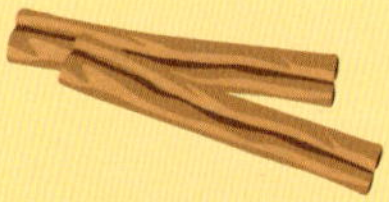

½ CUIL. À CAFÉ DE CANNELLE (OU DE VANILLE EN POUDRE)

200 G DE LAIT

½ CUIL. À CAFÉ DE QUATRE-ÉPICES EN POUDRE

MATÉRIEL

1 BALANCE

1 GRAND SALADIER (OU 1 CUL DE POULE)

1 FOUET

1 SPATULE SOUPLE

1 POÊLE

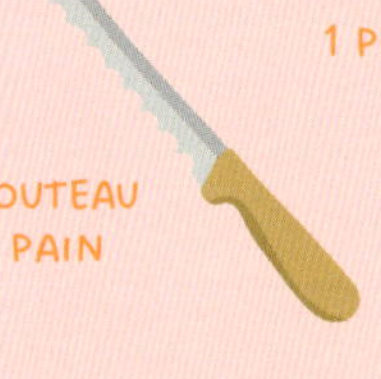

1 COUTEAU À PAIN

MINI CHEF !

RECETTE

Prêt pour une mission ultra-gourmande ?
On va transformer de la brioche en un trésor tout doré et moelleux : la brioche perdue (t'inquiète, on va la retrouver très vite... dans ton assiette !).

POUR 6 PERSONNES
PRÉPARATION : 15 MIN • CUISSON : 2 À 3 MIN PAR CÔTÉ

1 Commence par mélanger dans un grand saladier, avec un fouet, les **œufs**, le **lait**, le **sucre** et les **épices**.

2 Ensuite, coupe ta brioche en **grosses tranches bien dodues** (avec le couteau à pain, demande à un grand si besoin). Plonge-les dans ta potion sucrée comme si tu faisais prendre un bain à ta brioche. Il faut qu'elles soient bien imbibées ! Puis laisse-les s'égoutter un peu.

3 Fais fondre 1 grosse noisette de **beurre** dans une poêle bien chaude... elle va faire « pchhh » !

4 Dépose les tranches de brioche dans la poêle et fais-les dorer pendant **2 à 3 minutes** de chaque côté en les retournant avec une spatule, jusqu'à ce qu'elles soient toutes jolies et crousti-moelleuses.

5 Et pour la **touche finale** ? Tu peux ajouter des fruits frais, un peu de caramel, ou même les deux ! C'est toi le chef.

L'ANECDOTE D'AURÉLIEN

TU SAIS POURQUOI ON PARLE DE « PAIN PERDU » ?

Parce qu'à la base, c'était une astuce de grand-mère pour **ne pas perdre** le pain ou la brioche quand ils devenaient durs comme des **cailloux** ! Plutôt que de les jeter à la poubelle, hop, on les trempait dans du **lait** et des **œufs**, on les faisait dorer à la poêle… et ça redevenait tout moelleux et délicieux !

Mais chuuut… le secret, c'est que tu n'es **pas du tout obligé d'attendre** que ta brioche soit sèche pour te régaler. Même fraîche, elle adore se transformer en brioche perdue !

LE TRUC EN + DE SOURICETTE

Tu veux ajouter un nuage tout doux sur ta brioche perdue ? Allez, on prépare une chantilly maison... simple et super bonne !

CHANTILLY MAISON

POUR 6 PERSONNES • PRÉPARATION : 10 MIN

INGRÉDIENTS : 300 g de crème liquide entière bien bien froide (elle doit avoir fait une bonne sieste de 4 heures au frigo)
25 g de sucre en poudre

1. Verse la crème et le sucre dans un grand saladier **froid aussi** (tu peux le mettre un peu au frigo avant, c'est encore mieux !).
2. Attrape ton fouet électrique (ou demande à un grand de t'aider) et **fouette, fouette, fouette** ! Attention, ça peut faire des petites éclaboussures... alors, pas trop vite au début.
3. Quand ta crème devient **épaisse et bien mousseuse**, stop ! Pas besoin qu'elle soit trop ferme, juste toute douce, comme un nuage.
4. Et hop ! Une **belle cuillerée de chantilly** sur ta brioche perdue... et c'est le goûter des rois !

LA CRÈME BRÛLÉE DE PAPI OURSON

(BRÛLÉE MAIS PAS CRAMÉE !)

Avec ses lunettes au bout du museau,
son masque et son gros chalumeau,
Papi Ourson est concentré, prêt à dévoiler
le secret de sa **crème brûlée**.

INGRÉDIENTS

160 G DE SUCRE EN POUDRE

10 JAUNES D'ŒUFS

250 ML DE CRÈME LIQUIDE ENTIÈRE

500G DE LAIT

2 GOUSSES DE VANILLE (4 POUR LES PLUS GOURMANDS)

100 G DE CASSONADE

MATÉRIEL

1 BALANCE

8 RAMEQUINS

1 GRAND SALADIER (OU 1 CUL DE POULE)

1 FOUET

1 GRAND PLAT À GRATIN

1 CHALUMEAU

1 PASSOIRE

1 GRANDE CASSEROLE

RECETTE

Allez, on enfile son tablier, on sort les ramequins, et c'est parti pour une recette toute douce à la vanille !

POUR 8 PERSONNES
PRÉPARATION : 25 MIN • CUISSON : 45 MIN À 1H
RÉFRIGÉRATION : 3H

1 Prends tes **gousses de vanille** et coupe-les en deux dans le sens de la longueur avec un couteau (fais-toi aider si besoin). Gratte les **petits grains** à l'intérieur, c'est eux qui sentent super bon !

2 Mets les **grains** et les **gousses** dans une casserole avec le **lait** et la **crème** Fais chauffer doucement jusqu'à ce que ça commence à frémir (faut pas que ça bouillonne trop fort !), puis **éteins le feu**, couvre la casserole, et laisse la vanille faire une petite sieste dans le lait pendant **15 à 30 minutes**.

3 Pendant ce temps, préchauffe ton **four à 100 °C (th. 3-4)**. Mets les **jaunes d'œufs** dans un grand saladier, ajoute le **sucre** et **fouette tout ça énergiquement**. Verse doucement le lait à la vanille **(filtré avec une passoire pour enlever les gousses)** sur les jaunes sucrés, en fouettant encore un peu. Voilà, ta crème est prête !

4 Verse le mélange dans **8 petits ramequins** et pose-les dans un grand plat. Verse un peu d'eau autour des ramequins dans le plat (attention à ne pas en mettre dans la crème !) : **c'est le bain-marie**, ça leur fait comme un bain pour bien cuire.

5 Hop, au four pour **45 minutes à 1 heure**. Quand les crèmes sont **encore un peu tremblotantes** au centre, c'est bon ! Laisse-les refroidir sur le plan de travail, puis mets-les au frigo pendant **au moins 3 heures** (oui, il faut un peu de patience !).

6 Au moment de servir, saupoudre le dessus avec un peu de **cassonade** et fais-le fondre avec un **chalumeau** (avec un adulte, bien sûr !) pour faire une **croûte croquante**. C'est trop bon quand ça craque sous la cuillère ! Et voilà, des petites crèmes à la vanille avec un chapeau crousti-caramel !

L'ANECDOTE D'AURÉLIEN

TU CONNAIS L'HISTOIRE RIGOLOTE DE LA CRÈME BRÛLÉE ?

Il paraît qu'elle a été inventée **il y a très, très longtemps**, au temps des rois et des reines ! Un jour, un cuisinier royal voulait réchauffer une crème trop froide. Alors hop, il a pris **un gros fer bien chaud** (comme un fer à repasser mais pour cuisiner !) et il l'a posé sur le dessus de la crème. Et là, surprise ! Une **croûte de caramel toute craquante** est apparue comme par magie !

Depuis ce jour, tout le monde adore casser cette **fine croûte dorée** avec sa petite cuillère avant de plonger dans la **crème toute douce**… Un vrai trésor pour les gourmands !

LE TRUC EN + DE SOURICETTE

Tu peux t'amuser à donner plein de parfums différents à ta crème brûlée ! Tu ajoutes un peu de **cannelle**, des **zestes de citron** ou **d'orange**, ou même quelques gouttes d'**eau de fleur d'oranger** dans le lait... et hop, ta crème sentira super bon !

Et si tu veux une **croûte de caramel** encore plus craquante sous ta cuillère, essaye avec de la **vergeoise** à la place de la cassonade. Ce sucre est tout fin et il fait une vraie **patinoire croustillante** sur ta crème brûlée !

« Anna, **réveille-toi** », murmure Charlie en secouant sa sœur.

En se réveillant, Anna raconte :
« J'ai rêvé que Papi Ourson faisait un **spectacle** et sautait dans des **cercles de feu** avec son chalumeau ! »

Les deux oursonnes se lèvent et regardent autour d'elles : les voilà dans une chambre d'enfant merveilleuse, avec des jouets partout ! L'**excitation grandit**. Elles s'approchent d'une caisse qui déborde de **déguisements**.

« J'aimerais me déguiser en **fée pâtissière**, s'exclame Charlie, pour passer mes journées à préparer des **gâteaux délicieux** ! »
« Et moi, en **pirate du goûter** ! répond Anna. Je partirais à la chasse aux gâteaux et aux **trésors en chocolat** ! »

« Que fais-tu, Souricette ? », demande Charlie, curieuse.
« Les **cloches sont passées** pendant que vous dormiez, leur dit-elle. Regardez, il y a plein d'**œufs en chocolat cachés dans la chambre !** »

RETROUVE LES 7 DIFFÉRENCES

CHERCHE ET TROUVE
ŒUFS DE PÂQUES
ANNA
CHARLIE
BOÎTE À TRÉSORS

« Vite, allons chercher **les œufs** ! », s'impatiente Anna, qui salive déjà !

« **Grimpez dans la voiture**, c'est parti pour de nouvelles **aventures** ! » s'exclame Charlie.

CHAPITRE 3

PETITS ET GRANDS GÂTEAUX

Le dimanche à la maison

LE FLAN PÂTISSIER FACILE (SANS PÂTE)

Maman Ourson attend Charlie et Anna dans la cuisine. Sur la table, une assiette les intrigue : un **flan tout doré** qui tremblote doucement. Charlie s'approche, curieuse.
« J'ai toujours trouvé ce dessert rigolo...
On dirait un **oreiller** qui sent la vanille ! »

Anna éclate de rire :
« **Oui, un oreiller qu'on peut manger !** »
Maman Ourson leur tend deux cuillères avec un clin d'œil : « Attention, il est tellement **moelleux** qu'il risque de disparaître en un **éclair** ! »

INGRÉDIENTS

120 G DE SUCRE EN POUDRE

6 JAUNES D'ŒUFS

250 ML DE CRÈME LIQUIDE ENTIÈRE

BEURRE

1 GOUSSE DE VANILLE

500 G DE LAIT

45 G DE FÉCULE DE MAÏS (MAÏZENA®)

MATÉRIEL

1 BALANCE

1 GRANDE CASSEROLE

1 GRAND SALADIER (OU 1 CUL DE POULE)

1 MOULE À MANQUÉ EN SILICONE DE 18 CM DE DIAMÈTRE

1 PASSOIRE

1 FOUET

RECETTE

POUR 6 PERSONNES
PRÉPARATION : 20 MIN • REPOS : 3 H 15 À 3 H 30 MIN
CUISSON : 45 MIN

1 Commence par couper la **gousse de vanille** en deux avec un couteau (fais-toi aider si besoin !), gratte les **petits grains noirs** et glisse-les dans une casserole avec la **gousse**, le **lait** et la **crème**. Fais chauffer doucement tout ça… et dès que ça commence à **bouillir**, coupe le feu, mets un couvercle et laisse **infuser comme une potion magique** pendant **15 à 30 minutes**.

2 Demande à un adulte de t'aider à préchauffer le **four à 180 °C (th. 6)** et beurre bien ton **moule en silicone** (pour que ton flan ne colle pas !).

3 Mets les **jaunes d'œufs** dans un grand saladier avec le **sucre** et **fouette-fouette-fouette** jusqu'à ce que ça devienne bien jaune et mousseux. Ajoute ensuite la **fécule de maïs** et fouette de nouveau.

4 Verse le mélange vanillé (**en filtrant avec une passoire** pour retirer la gousse) dans le saladier et mélange encore au fouet.

5 Hop, **remets tout dans la casserole** ! Fais chauffer à feu moyen en **mélangeant très vite avec ton fouet** pour que ça n'attache pas au fond. Dès que ça bout et que c'est bien épais… mission accomplie !

6 Verse cette crème toute chaude dans le moule, **mets le tout au four pour 40 minutes**, puis laisse ton flan **refroidir tranquille** à la sortie du four pendant au moins 3 heures. Une fois qu'il est bien froid, démoule-le doucement (magie !) et garde-le au frigo avant de le dévorer. Bravo, petit chef !

L'ANECDOTE D'AURÉLIEN

ALLERGIQUE AU GLUTEN ? PAS DE PROBLÈME !

Tu sais quoi ? Cette recette est **parfaite si ton bidou n'aime pas le gluten** ! Pas besoin de pâte ni de farine ici : le flan se débrouille tout seul comme un grand pour être super bon. C'est une **recette magique sans gluten**, mais avec **plein de gourmandise** quand même !

LE TRUC EN + DE SOURICETTE

Tu veux que ton flan ait une belle tenue et une base croustillante ? Pas de souci, tu peux lui faire une petite couverture en pâte brisée !

PÂTE BRISÉE FACILE MAISON

POUR 1 FLAN • PRÉPARATION : 15 MIN • REPOS : 1 H

INGRÉDIENTS : 225 g de farine • 2 pincées de sel fin • 5 g de sucre en poudre 160 g de beurre • 1 jaune d'œuf • 45 g de lait

1 Mets la **farine**, le **sel** et le **sucre** dans un grand saladier. Ajoute le **beurre** coupé en petits cubes et **mélange avec tes mains** comme si tu jouais avec du sable ! Il faut que ça fasse des petits grains, comme un crumble.

2 Ensuite, ajoute le **jaune d'œuf** et le **lait**. Mélange bien jusqu'à ce que la pâte fasse une belle boule.

3 Attrape ton rouleau à pâtisserie et étale ta pâte entre **2 feuilles de papier cuisson** (comme une pâte à modeler géante !) sur environ 3 mm d'épaisseur.

4 Hop, décolle ta pâte du papier cuisson et place-la dans le moule en silicone beurré, **appuie bien pour qu'elle colle partout**, même sur les bords. Coupe ce qui dépasse avec un couteau (ou demande à un adulte de t'aider). Maintenant, laisse-la se **reposer au frigo pendant 1 heure** (elle en a bien besoin).

5 Et voilà ! Tu pourras ensuite **verser ton flan dedans et cuire le tout comme le flan sans pâte**. Résultat ? Un flan bien dodu avec une belle pâte croustillante dessous !

LE CAKE-PAIN D'ÉPICE DU GOÛTER

Tout à coup, un **bzzz-bzzz** tout près de l'oreille d'Anna la fait sursauter. Effrayée, elle se cache le visage.

« Ne t'inquiète pas, la rassure Charlie, c'est une **abeille**. Que fais-tu ici ? », lui demande-t-elle.

« Je vous apporte du **miel**, je crois que vous en aurez besoin pour votre prochaine recette ! »

INGRÉDIENTS

250 G DE MIEL DE BONNE QUALITÉ

200 G DE FARINE

1 GROS ŒUF

1 CUIL. À CAFÉ D'ÉPICES POUR PAIN D'ÉPICE

50 G DE CASSONADE (OU DE SUCRE COMPLET)

100 G DE LAIT

2 CUIL. À CAFÉ DE CANNELLE MOULUE

LE ZESTE DE 1 CITRON BIO + LE ZESTE DE 1 ORANGE BIO

BEURRE

½ PAQUET DE LEVURE CHIMIQUE

MATÉRIEL

1 BALANCE

1 GRAND SALADIER (OU 1 CUL DE POULE)

1 SPATULE SOUPLE

1 GRAND BOL

1 FOUET

1 RÂPE FINE (OU 1 ZESTEUR)

1 MOULE À CAKE

1 PETITE CASSEROLE

RECETTE

POUR 6 À 8 PERSONNES

PRÉPARATION : 15 MIN • CUISSON : 35 À 45 MIN

1 Demande à un adulte de t'aider à préchauffer le **four à 180 °C (th. 6)**. Beurre et farine ton moule à cake (comme si tu le maquillais pour qu'il soit prêt à accueillir la pâte !).

2 Fais chauffer doucement le **lait** dans une petite casserole. Attention, il ne doit pas bouillir ! Quand le lait est bien chaud, ajoute le **miel** dedans et **mélange avec une spatule** pour qu'il fonde bien.

3 Hors du feu, ajoute ensuite les **zestes d'orange** et **de citron**. Mmmh... sens-moi ça ! Mets tout de côté.

4 Mélange la **farine**, la **levure**, la **cannelle** et les autres épices magiques dans un saladier. Verse par-dessus la préparation à base de lait chaud et **mélange énergiquement** avec ton fouet (fais danser la pâte !).

5 Mélange au fouet l'œuf avec la **cassonade** dans un grand bol, puis verse-les sur la pâte dans ton grand saladier. Mélange une dernière fois jusqu'à ce que ce soit bien lisse. Verse la pâte dans ton moule à cake.

6 Hop, direction le four pendant **30 à 40 minutes**. Tu peux surveiller la cuisson en plantant un cure-dent dans le gâteau : s'il ressort sec, c'est que ton cake est prêt !

7 Une fois qu'il est cuit, laisse-le un peu refroidir, puis **zeste un peu d'orange ou de citron par-dessus** pour encore plus de magie. Et voilà ! Tu viens de créer un délicieux cake-pain d'épice. Parfait pour l'hiver, les goûters au coin du feu, ou juste pour se régaler en famille !

L'ANECDOTE D'AURÉLIEN

LE SECRET DES ABEILLES

Tu savais que pour faire **un seul petit pot de miel**, les abeilles doivent visiter **environ 1 million de fleurs** ? Oui, oui, 1 million ! C'est un peu comme si toi, tu devais courir dans tout le jardin **1 million de fois** pour remplir un minuscule seau de jus de fleurs... C'est fou !

Mais le plus drôle, c'est que les abeilles **dansent** pour se parler ! Quand une abeille trouve une super fleur pleine de nectar, elle retourne à la ruche et fait une petite **danse en forme de 8**. Grâce à ça, les autres abeilles comprennent **où aller** pour trouver les meilleures fleurs. C'est un peu comme dessiner une carte au trésor... mais en dansant !

Alors, la prochaine fois que tu manges du miel, pense à toutes les petites abeilles danseuses qui ont travaillé dur ensemble pour t'offrir cette douceur.

LE TRUC EN + DE SOURICETTE

CHOCOLAT CHAUD AUX ÉPICES MAGIQUES

(POUR SE RÉCHAUFFER LES MOUSTACHES COMME UN OURSON EN HIVER !)

POUR 4 PERSONNES • PRÉPARATION : 10 MIN • CUISSON : 5 MIN

INGRÉDIENTS : 1 gousse de vanille (et/ou 1 bâtonnet de cannelle ou 1 étoile de badiane) • 550 g de lait entier • 150 g de chocolat noir (à 70 % de cacao) 50 g de sucre en poudre (optionnel)

1 Prends ta **gousse de vanille** et coupe-la dans le sens de la longueur. Avec la pointe d'un couteau, récupère les **petits grains noirs** à l'intérieur (tu peux aussi utiliser 1 bâtonnet de cannelle ou de la badiane à la place de la vanille).

2 Verse le **lait** dans une casserole (demande à un adulte de t'aider) et ajoute les **grains** de vanille et la **gousse** vide. Fais bouillir le lait, puis éteins le feu et laisse reposer quelques minutes avec un couvercle. Ensuite, enlève la gousse.

3 Maintenant, ajoute le **chocolat** coupé en morceaux dans le lait et **fouette** ! (si tu le souhaites, c'est le moment où tu peux saupoudrer du sucre). Le chocolat va fondre et se mélanger au lait comme par magie.

4 Tu veux un chocolat tout doux et léger ? Tu peux t'arrêter là. Tu préfères un chocolat épais et bien onctueux ? Alors, fais-le cuire encore un peu en mélangeant.

5 Et voilà ! Verse ton chocolat chaud dans une jolie tasse, ajoute 1 pincée de cannelle si tu veux... et régale-toi comme un ourson devant la cheminée !

LES CHOUQUETTES MAGIQUES

(PETITES, DORÉES, SUCRÉES... ET TROP BONNES À GRIGNOTER !)

Sur la table, **des petits morceaux de sucre blanc forment une piste.**
« Je ne crois pas les avoir vus en arrivant, s'interroge Charlie.
Allons voir où cela mène ! »

Anna ramasse les morceaux en les goûtant, puis saute de joie : « **Chouette, des chouquettes !** »
Et qui se cache à l'intérieur ? Souricette !

INGRÉDIENTS

2 ŒUFS

2 GROSSES PINCÉES DE SUCRE EN POUDRE

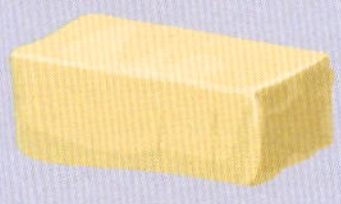

45 G DE BEURRE

100 G DE SUCRE EN GRAINS

55 G DE FARINE

2 GROSSES PINCÉES DE SEL

50 G DE LAIT DEMI-ÉCRÉMÉ

50 G D'EAU

MATÉRIEL

1 BALANCE

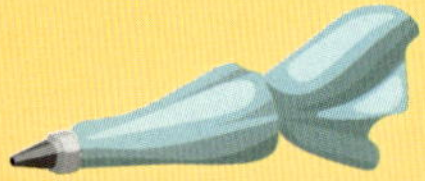

1 POCHE À DOUILLE
+ 1 DOUILLE RONDE

1 GRAND SALADIER
(OU 1 CUL DE POULE)
+ 1 BOL

1 SPATULE SOUPLE

1 PLAQUE DE CUISSON

1 GRANDE CASSEROLE

APPRENTI CHEF !

RECETTE

POUR 20 CHOUQUETTES

PRÉPARATION : 20 MIN • CUISSON : 20 À 35 MIN

1 Casse les œufs dans un bol avant de les battre énergiquement avec une fourchette pour que le jaune et le blanc soient bien mélangés.

2 Verse l'**eau** avec le **lait**, le **sel**, le **sucre** et le **beurre** coupé en petits cubes dans une casserole. Fais chauffer doucement jusqu'à ce que tout soit fondu et que ça bout (comme une mini-potion !). Enlève alors la casserole du feu et **verse toute la farine d'un coup**. Mélange fort avec une spatule jusqu'à ce que ça devienne une boule de pâte.

3 Remets la casserole sur le feu environ 30 secondes (pas trop fort) en mélangeant vite pour bien « sécher » la pâte. Puis verse la pâte dans un saladier et **laisse-la refroidir** un peu.

4 Ajoute un peu d'**œuf battu**, mélange bien, puis recommence. Pas tout d'un coup ! Il faut que la pâte soit souple mais pas trop liquide (si tu ne mets pas toute la quantité d'œuf, ce n'est pas grave, parfois il en reste un peu). Tu peux tester : **trace un trait avec une cuillère**. Si la pâte se referme doucement, c'est parfait ! Ou bien plante une spatule dedans : si elle ressort avec un petit bec tout fin, c'est prêt !

5 Mets la pâte dans une **poche à douille** (demande à un grand de t'aider si c'est dur) avec une douille ronde pas trop grosse de 10 mm par exemple.

6 Fais des petits tas espacés, comme des **petits dômes**, sur une plaque recouverte de papier cuisson. Saupoudre chaque chou avec du **sucre en grains**. Tu peux aussi ajouter 1 pincée de **sucre muscovado** ou 1 grain de **fleur de sel** sur le dessus pour faire des chouquettes de chef !

7 Demande à un adulte de t'aider à préchauffer le **four à 170 °C (th. 5-6) en mode chaleur tournante** et fais cuire les chouquettes **25 à 30 minutes**, sans jamais ouvrir la porte du four (sinon les choux se dégonflent, oups !). Elles doivent être bien dorées. Laisse-les tiédir un peu… et régale-toi !

L'ANECDOTE D'AURÉLIEN

LA PÂTE À CHOUX ET LE CUISINIER QUI A TOUT OUBLIÉ !

Tu sais comment on a inventé la pâte à choux ? C'est rigolo !
Il y a très, très longtemps, un cuisinier italien nommé **Popelini** voulait faire un gâteau pour le roi de France. Mais il avait oublié la **levure** ! Oups !
Alors, il a eu une idée un peu folle : faire **chauffer la pâte** dans la casserole avant d'ajouter les œufs. Et tu sais quoi ? À la cuisson, sa pâte s'est mise à **gonfler toute seule** dans le four comme un ballon ! C'est comme ça qu'est née la pâte à choux : **sans levure**, mais avec **plein de magie et de vapeur** à l'intérieur !
Depuis, on s'en sert pour faire des chouquettes, des éclairs… et même des religieuses au chocolat ou au café !

LE TRUC EN + DE SOURICETTE

Voici une recette de crème pâtissière pour garnir tes chouquettes !

CRÈME PÂTISSIÈRE TOUTE DOUCE

POUR 20 CHOUQUETTES • PRÉPARATION : 15 MIN
REPOS : 2 H 30 MIN • CUISSON : 10 MIN

INGRÉDIENTS : ½ gousse de vanille • 250 g de lait • 3 jaunes d'œufs 40 g de sucre en poudre • 25 g de fécule de maïs (Maïzena®) • 15 g de beurre

1 Commence par récupérer les **petits grains noirs** de la gousse de vanille (fais-toi aider d'un adulte) et glisse-les dans une casserole avec la **gousse** et le **lait**. Fais chauffer doucement... et dès que ça commence à **frémir**, coupe le feu, mets un couvercle et laisse **infuser comme une potion magique** pendant **15 à 30 minutes**.

2 Mets les **jaunes d'œufs** dans un grand saladier, ajoute le **sucre** et **fouette-les** jusqu'à ce que ça devienne mousseux. Ajoute la **fécule de maïs** et fouette de nouveau. Verse ensuite le mélange vanillé (en retirant la gousse) dans le saladier et mélange au fouet.

3 Remets **tout dans la casserole** ! Fais chauffer à feu moyen en **mélangeant avec ton fouet** pour que ça n'attache pas au fond. Dès que ça bout et que c'est épais, ajoute le **beurre**. Mélange pour le faire fondre et hop, mission accomplie !

4 Verse cette crème dans un plat, mets du film alimentaire dessus pour éviter qu'une croûte se forme et laisse refroidir 2 heures au frigo.

5 Quand la crème est bien froide, prends un fouet (électrique si tu préfères !) et mélange **très fort** la crème pâtissière pour qu'elle devienne lisse. Mets-la dans une **poche à douille** et garnis tes petites chouquettes par en dessous en leur faisant un petit trou ! Bravo, tu as réalisé des chouquettes de chef !

LES SUPER COOKIES AU CHOCOLAT

(POUR TOUS TES SUPER AMIS !)

Ah, les **cookies** ! Les biscuits préférés des enfants !
Avec leurs **pépites de chocolat**, leur cœur moelleux
et leurs bords croustillants, **c'est comme des super biscuits** !
Un vrai régal pour tous les **super gourmands**.

« Comme moi ! », s'exclame Anna.

INGRÉDIENTS

150 G DE PISTOLES DE CHOCOLAT NOIR (À 70 % DE CACAO) + 150 G DE PISTOLES DE CHOCOLAT AU LAIT (À 40 % DE CACAO)

2 GROSSES PINCÉES DE SUCRE EN POUDRE

200 G DE BEURRE

¼ DE SACHET DE LEVURE CHIMIQUE + 1 CUIL. À CAFÉ DE BICARBONATE

365 G DE FARINE T55

1 CUIL. À CAFÉ DE SEL FIN

1 GROS ŒUF

230 G DE VERGEOISE BRUNE (OU BLONDE) + 110 G DE VERGEOISE BLONDE

1 CUIL. À CAFÉ D'EXTRAIT DE VANILLE

MATÉRIEL

1 BALANCE

1 GRAND SALADIER (OU 1 CUL DE POULE) + 1 BOL

1 SPATULE SOUPLE

2 PLAQUES DE CUISSON

MINI
CHEF !

RECETTE

POUR 12 COOKIES
PRÉPARATION : 15 MIN • CONGÉLATION : 1 À 2H
CUISSON : 12 À 15 MIN

1 Mélange la **farine**, le **sel**, la **levure** et le **bicarbonate** (ou une nouvelle portion de levure tout simplement) dans un petit bol. Avec un couteau (et l'aide d'un adulte !), coupe les pistoles de **chocolat noir** et **au lait** en petits morceaux. Pas besoin que ce soit parfait !

2 Mets le **beurre tout mou** et les **vergeoises** dans un grand saladier. Mélange avec une spatule jusqu'à ce que ça devienne tout crémeux, comme une pommade. Ajoute ensuite l'**œuf** et la **vanille**. Mélange bien !

3 **Verse la farine** dans la pâte et mélange doucement. Ajoute ensuite le **chocolat haché** et mélange juste assez pour bien le répartir. Miam !

4 Fais **12 boules de pâte** d'à peu près de la même taille. Pose-les sur une plaque recouverte de papier cuisson. Appuie doucement dessus avec ta main pour les aplatir un peu.

5 Mets la plaque au **congélateur pendant 1 à 2 heures**. Les cookies vont durcir : parfait pour avoir un **cœur fondant** et des **bords croustillants** ou juste pour les garder et les cuire une autre fois (tu peux les garder **1 mois** au congélateur dans un sac bien fermé).

6 Demande à un adulte de t'aider à préchauffer le **four à 180 °C (th. 6)**. Pose **6 cookies maximum par plaque**, bien espacés. Fais-les cuire (toujours congelés) pendant **12 à 15 minutes**. Ils doivent être **dorés sur les bords** et tout moelleux au milieu… un vrai bonheur.

7 À la sortie du four, tu peux saupoudrer chaque cookie d'une pincée de fleur de sel ! Tu verras, **c'est délicieux le sucré-salé !**

8 Et voilà ! Laisse-les refroidir un peu (si tu y arrives) et croque dans ton cookie fait maison. Bravo, petit chef !

L'ANECDOTE D'AURÉLIEN

LE BEURRE EST NÉ… PAR HASARD !

Sais-tu comment on a découvert le beurre ? La légende raconte que c'est arrivé **par hasard**, il y a très, très longtemps !

Un jour, un berger (oui, un monsieur qui s'occupe des animaux) transportait du **lait** dans une gourde accrochée à son cheval. Il a voyagé toute la journée, ça a secoué, ça a bougé, ça a sauté… et quand il a voulu boire son lait le soir, **surprise** ! Il n'y avait **plus de lait**, mais une drôle de pâte jaune et grasse : **du beurre** !

Depuis ce jour-là, les humains ont compris qu'**en fouettant bien la crème du lait**, on pouvait faire ce délicieux beurre qu'on tartine, qu'on fait fondre… ou qu'on met dans les **super cookies bien dorés** !

Alors, la prochaine fois que tu mangeras une tartine, pense au cheval qui a inventé le beurre sans le savoir !

LE TRUC EN + DE SOURICETTE

Tu veux des cookies encore
plus gourmands et fondants ?
Voici ma recette secrète :
un cœur fondant choco-noisette...

CŒUR FONDANT CHOCO-NOISETTE

1 Prends **ta pâte à tartiner préférée** et remplis des petits moules en silicone (ou des petits moules à glaçons) avec. Mets tout ça **au congélateur quelques heures** avant de faire ta pâte à cookies. Il faut que cela durcisse complètement !

2 Au moment de faire tes boules de cookies, enferme un **cœur de pâte à tartiner** bien congelé dans chaque boule de pâte. Puis suis le reste de la recette.

3 Quand tu croqueras dans tes cookies bien cuits, tu découvriras un super cœur fondant de pâte à tartiner ! Incroyable, non ?

Un magnifique papillon entre par la fenêtre et se pose à côté du beau bouquet de Maman Ourson. Charlie et Anna s'émerveillent devant les formes et les **couleurs** de ses ailes déployées.
« Je n'avais jamais remarqué tous ces détails », dit Charlie.
« **L'été arrive !** répond le papillon tout **joyeux**. Venez voir **comme la nature est belle** : les fleurs et les feuilles dansent, les **insectes** bourdonnent, et les fruits sont bien **sucrés** ! »

« Ça me plairait d'aller goûter quelques **fruits** ! », s'exclame Anna, dont le ventre gargouille déjà.
« Moi, j'adorerais préparer des **gâteaux** avec des fruits », s'enthousiasme Charlie.

Le papillon s'incline : « Montez, je vous emmène au **jardin enchanté** ! » **Au fil du voyage**, les toits de la ville laissent place aux arbres et aux champs. **Charlie et Anna n'en reviennent pas de voler...**

Un peu plus loin, le papillon commence à descendre et se dirige vers le **potager** d'une jolie maison de campagne.

« C'est ici que je vous dépose. **Pour cueillir vos fruits**, vous devrez traverser le potager et le **champ de tomates**. »

Charlie et Anna contemplent les **tomates** bien **rouges**.
« **C'est incroyable**, tout ce qui pousse dans un potager ! », s'émerveille Charlie. Tout d'un coup, **le sol se met à trembler**. Un petit boudin avec des yeux sort de terre.
« **Un serpent !** », crie Anna apeurée.

« Aucune crainte à avoir me concernant, répond le petit invertébré, **je suis un ver de terre**. Je remue la terre pour mieux faire pousser les plantes. »
« Sauriez-vous où se trouvent les **fruits** ? », lui demande Charlie.
« Bien sûr ! **Derrière les pissenlits**, vous trouverez des **fraises** et des **framboises**. »

CHAPITRE 4

FARANDOLE DE FRUITS

Dans le jardin enchanté des vacances

CHERCHE ET TROUVE
FRAISES
FRAMBOISES
MYRTILLES

Charlie

BABKA TRESSÉE À LA FRAMBOISE

(UNE BRIOCHE GOURMANDE ET FRUITÉE !)

« Les **framboises**, c'est un peu comme des **bonbons**.
C'est tout rond, bien **dodu**, **juteux** et **acidulé**.
On a du mal à s'arrêter d'en manger »,
dit Anna, la bouche pleine.

« **Essaie** quand même
d'en garder un peu pour
notre prochaine recette »,
lui répond Charlie.

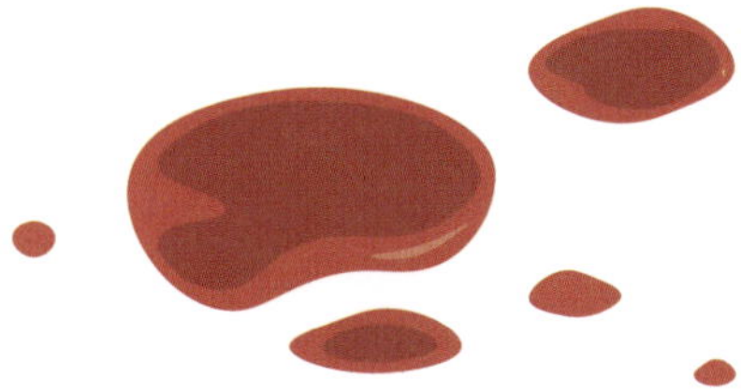

INGRÉDIENTS

- 25 G D'ŒUF + 20 G DE JAUNE D'ŒUF

- 110 G DE SUCRE EN POUDRE

- 15 G DE LEVURE DE BOULANGER FRAÎCHE

- 150 G DE BEURRE

- 500 G DE FARINE T55

- 7 G DE SEL FIN

- 250 G DE LAIT DEMI-ÉCRÉMÉ

- 5 G DE CRÈME LIQUIDE ENTIÈRE

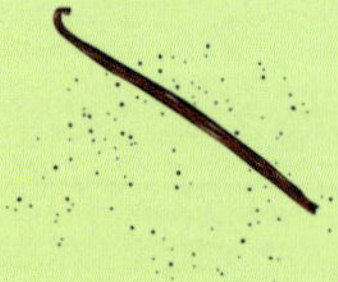

- 1 GOUSSE DE VANILLE

- 250 G DE CONFITURE DE FRAMBOISES

- 50 G D'EAU

MATÉRIEL

- 1 BALANCE

- 1 SPATULE SOUPLE

- 1 GRAND SALADIER (OU 1 CUL DE POULE) + 1 BOL

- 1 PINCEAU

- 1 GRAND MOULE À CAKE

- 1 ROBOT PÂTISSIER AVEC SON CROCHET

- 1 CASSEROLE

- 1 TORCHON PROPRE

- 1 ROULEAU À PÂTISSERIE

GRAND CHEF !

RECETTE

POUR 8 PERSONNES

PRÉPARATION : 30 MIN • REPOS : 14 H 30 • CUISSON : 25 MIN

1. Verse la **farine** dans le bol du robot (ou dans un grand saladier). Mets le **sel** d'un côté, 60 g de **sucre** de l'autre, et la **levure** encore ailleurs (**elles ne doivent pas se toucher** comme un jeu de cache-cache !). Ajoute le **lait** et les 25 g d'**œuf**.

2. Demande à un adulte de t'aider à pétrir tout ça avec le robot (ou à la main si tu es super costaud !) pendant environ 10 minutes. Tu dois obtenir **une boule de pâte** bien lisse **qui ne colle plus aux parois**.

3. Coupe le **beurre** en petits morceaux. Laisse le robot en marche et ajoute les morceaux de beurre un par un. Quand tout le beurre est bien incorporé à la pâte, **continue de pétrir** encore 7 à 10 minutes. La pâte doit être souple et élastique.

4. Farine un peu ton plan de travail. Pose la pâte dessus, appuie doucement avec la paume de ta main, **puis plie-la sur elle-même** comme un doudou qu'on range. Recommence encore une fois : étire doucement… et rabats. **Huile** légèrement un saladier, pose la boule dedans et couvre-la avec un torchon humide. **Laisse-la reposer pendant 1 heure** à température ambiante. La pâte va gonfler comme un ballon de baudruche.

5. Quand elle a bien gonflé, pose-la sur le plan de travail fariné. **Appuie dessus avec ton poing pour chasser l'air** - pouf ! Remets-la dans le saladier, couvre-la avec un film alimentaire et mets-la **au frigo pour toute la nuit** (ou au moins 12 heures). Bonne nuit, petite pâte !

6. Le lendemain, sors ta pâte du frigo et étale-la avec un rouleau à pâtisserie sur un plan de travail fariné. Tu dois obtenir un **grand rectangle d'environ 1 cm d'épaisseur**. Tartine-le de **confiture de framboises** avec une cuillère à soupe.

7. Roule la pâte bien serré comme un escargot **pour former un long boudin**. Coupe ce boudin en deux, dans la longueur (c'est rigolo, on voit la confiture à l'intérieur !). Croise les deux morceaux **en les tressant doucement** : un par-dessus, un par-dessous, **comme si tu faisais une natte.**

SUITE DE LA RECETTE PAGE SUIVANTE →

8 **Beurre et farine un moule** à cake d'environ 25 cm de long. Dépose délicatement ta babka dedans. Couvre-la avec un torchon humide et laisse-la gonfler encore 1 heure 30. **Elle doit doubler de volume** !

9 Préchauffe le **four à 170 °C (th. 5-6)** (demande à un adulte de t'aider). Mélange le jaune d'œuf avec la crème et badigeonne la babka avec cette dorure à l'aide d'un pinceau (ça va la rendre toute bronzée !). Enfourne le tout **pour 20 à 25 minutes.** Ta babka doit être bien dorée !

10 Avec l'aide d'un adulte, fais chauffer l'eau, les 50 g de sucre restant et ta gousse de vanille fendue en deux et grattée dans une casserole jusqu'à ce que ça bout. Verse le sirop dans un bol et laisse-le tiédir pendant que ta babka cuit. Dès la sortie du four, **nappe la babka de sirop**. Laisse-la refroidir un peu… puis démoule-la. Régale-toi bien !

L'ANECDOTE D'AURÉLIEN

LE RÊVE AMÉRICAIN D'UNE BRIOCHE ORDINAIRE !

Connais-tu l'histoire de la babka ? Il y a très longtemps, **dans les villages d'Europe de l'Est**, les mamies juives - qu'on appelait babkas - faisaient une brioche spéciale pour les jours de fête. **Avec les restes de pâte**, elles mettaient un peu de chocolat ou de confiture, roulaient tout ça, faisaient une belle tresse... et hop, au four !
Quand certaines familles ont quitté leurs pays pour partir vivre en Amérique, elles ont emporté la recette dans leurs valises. Et devine quoi ? À New York, tout le monde a adoré cette brioche si jolie et moelleuse ! Aujourd'hui, la babka est connue dans le monde entier...

LE TRUC EN + DE SOURICETTE

Tu as envie de préparer ta babka à un autre parfum que la framboise ? Voici comment faire !

GARNITURE À LA CANNELLE

POUR 1 BABKA DE 8 PERSONNES • PRÉPARATION : 10 MIN

INGRÉDIENTS : 160 g de beurre • 55 g de cassonade
55 g de sucre en poudre • 20 g de cannelle en poudre

1 Commence par bien faire ramollir ton **beurre** soit en le sortant du réfrigérateur 2 ou 3 heures à l'avance, soit en t'aidant du micro-ondes (demande à un adulte de t'aider) : attention, **il ne doit pas fondre**.

2 À l'aide d'une spatule, **mélange tous les ingrédients** dans un grand saladier. Tartine cette préparation à la place de la confiture de framboises !

TIRAMISU AUX SPÉCULOOS ET FRUITS ROUGES DE MAMIE CATHY

Mamie Cathy veille sur le **jardin enchanté** comme une **gentille fée**. C'est elle qui fait pousser les fruits, les cueille quand ils sont bien mûrs, et les transforme en **délicieux desserts**.

« J'adore le **tiramisu** de Mamie Cathy ! »,
s'exclame Charlie, tout excitée.
« **Le tire-moi dessus** ?
C'est quoi, ce dessert bizarre ? »,
demande Anna, intriguée.

Charlie éclate de rire.
« Non, Anna ! C'est **ti-ra-mi-su** !
Un **dessert italien**. Et Mamie Cathy
a un ingrédient secret...
qu'elle va bientôt nous révéler ! »

INGRÉDIENTS

90 G DE SUCRE EN POUDRE

1 ŒUF + 6 JAUNES

300 G DE SPÉCULOOS (AU MOINS !)

100 G DE CRÈME LIQUIDE ENTIÈRE

FRUITS ROUGES DE SAISON

30 G D'EAU

1 GRAND BOL DE CAFÉ FROID

500 G DE MASCARPONE

MATÉRIEL

1 BALANCE

1 FOUET ÉLECTRIQUE

2 GRANDS SALADIERS (OU 1 CUL DE POULE)

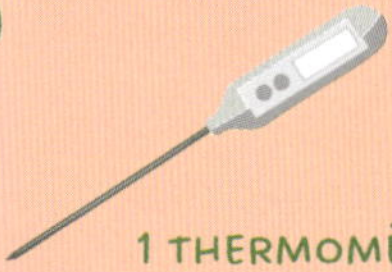

1 THERMOMÈTRE DE CUISSON (OPTIONNEL)

1 PETITE CASSEROLE

1 PLAT À GRATIN

1 SPATULE SOUPLE

APPRENTI CHEF !

RECETTE

POUR 6 PERSONNES

PRÉPARATION : 25 MIN • CUISSON : 3 MIN • RÉFRIGÉRATION : 4 H

1 À l'aide d'une spatule, **mélange le mascarpone, 1 jaune d'œuf** et la **crème liquide** dans un grand saladier. Tu peux t'appliquer pour que ce soit bien lisse.

2 Avec l'aide d'un adulte, fais chauffer l'**eau** et le **sucre** dans une petite casserole. Laisse bouillir **au moins 3 minutes** (si tu as un thermomètre de cuisson, la température doit monter à 118 °C).

3 Pendant que le sirop chauffe, bats **5 jaunes d'œufs** et l'**œuf entier** dans un autre saladier à l'aide d'un fouet électrique jusqu'à ce que ça devienne **mousseux**.

4 Quand le sirop est prêt, **verse-le doucement sur les œufs en fouettant** encore plus vite. Continue de battre jusqu'à ce que le mélange refroidisse. Incorpores-y doucement la **préparation au mascarpone** avec une spatule. **Mélange délicatement** pour ne pas casser la texture. La crème est prête.

5 Trempe les **spéculoos** un par un dans le **café**, puis dépose-les au fond d'un grand plat. **Il faut recouvrir tout le fond**. Verse la moitié de la crème au mascarpone par-dessus. Lisse-la avec le dos d'une cuillère. Ajoute plein de **fruits rouges** partout, puis dispose **une nouvelle couche de spéculoos trempés**. Ajoute le **reste de la crème au mascarpone**. Lisse bien la surface. Pour finir, remets encore **quelques fruits rouges** sur le dessus.

6 Place ton tiramisu **au moins 4 heures au réfrigérateur**. Bien frais, il est encore meilleur, car la crème au mascarpone a besoin de raffermir. S'il te reste un peu de spéculoos, n'hésite pas à en émietter sur le dessus au moment de servir !

L'ANECDOTE D'AURÉLIEN

CONNAIS-TU L'HISTOIRE DU TIRAMISU, LE PLUS CÉLÈBRE DES DESSERTS ITALIENS ?

Il y a longtemps, dans un petit village d'Italie, **une grand-mère** voulait préparer un dessert pour ses petits-enfants, mais elle n'avait plus de gâteau. Alors, **elle a eu une idée** : elle a trempé des **biscuits** dans du **café**, préparé une crème avec du **mascarpone** et des **œufs**, puis elle a tout empilé en couches. Et hop, **un délicieux dessert** en quelques minutes !

Quand ses petits enfants ont goûté, ils ont tout de suite adoré…

« Nonna, qu'est-ce que c'est bon ! Il s'appelle comment, ce dessert ? »

La grand-mère a répondu en riant :

« Tirami sù, ça veut dire **"remonte-moi le moral",** parce qu'une seule bouchée de ce dessert rend tout le monde heureux. »

Depuis ce jour, le tiramisu est célèbre partout dans le monde. Tout ça grâce à une grand-mère et à son envie de faire plaisir !

LE TRUC EN + DE SOURICETTE

Le tiramisu, c'est bon en toute saison !

Quand il n'y a pas de fruits rouges, il suffit de faire sans ! Pour un tiramisu plus classique, **remplace les spéculoos par des biscuits à la cuillère** ! Et surtout, n'oublie pas de le **saupoudrer de cacao** ! Miam !

Si tu ne veux pas jeter les **blancs d'œufs** non utilisés, **voici ma recette de financiers aux amandes** super bons et super faciles à faire !

FINANCIERS AUX AMANDES

POUR 20 FINANCIERS ENVIRON • PRÉPARATION : 15 MIN
CUISSON : 10 À 12 MIN

INGRÉDIENTS : 200 g de beurre • 165 g de sucre glace • 65 g de farine 70 g de poudre d'amandes • 2 pincées de sel fin • 1 sachet de levure chimique • 5 blancs d'œufs • 15 g de miel

1. Préchauffe le **four à 180 °C (th. 5-6)** (demande à un adulte de t'aider). Graisse bien tes moules à financiers avec un peu de beurre fondu.
2. Maintenant, fais fondre doucement ton **beurre** dans une casserole en mélangeant bien : il faut qu'il **devienne** légèrement brun (on appelle cela un « beurre noisette »). Ajoute le **miel**, mélange et **laisse tiédir.**
3. Mélange le **sucre glace**, la **farine**, la **poudre d'amandes**, le **sel** et la **levure** dans un grand saladier. Ajoute tes **blancs d'œufs** et mélange bien avec un fouet. Tu ne dois **plus avoir de trace de poudre**. Pour finir, ajoute le **beurre noisette** qui a tiédi. Mélange bien.
4. Tu n'as plus qu'à répartir la pâte **dans les moules graissés remplis aux deux tiers**. Fais cuire entre 10 et 12 minutes Une fois refroidis, tes financiers sont prêts à être dégustés !

LE FRAISIER D'ANNIVERSAIRE D'ANNA

« **C'est mon anniversaire** » chantonne Anna toute guillerette.
« Et si je t'apprenais à faire ton tout premier gâteau d'anniversaire ? », propose **Papa Ourson**.

« Et je deviendrai une **pâtissière** comme Charlie et toi ? », demande Anna.

« Bien sûr ! Mais pour ça, il faut enfiler ta tenue de **petite cheffe** ! »
Ni une, ni deux, Anna attrape une couche propre et la pose fièrement sur sa tête, en guise de **toque** !
Charlie et Papa Ourson ne peuvent s'empêcher de rire.

INGRÉDIENTS

140 G DE SUCRE EN POUDRE

165 G D'ŒUFS ENTIERS (3 GROS ŒUFS)

65 G DE FÉCULE DE MAÏS (MAÏZENA®)

700 G DE FRAISES FRAÎCHES

LE JUS DE ½ CITRON JAUNE (OU VERT)

125 G DE CRÈME LIQUIDE ENTIÈRE

300 G DE LAIT DEMI-ÉCRÉMÉ

65 G DE FARINE

3 JAUNES D'ŒUFS

80 G DE MASCARPONE

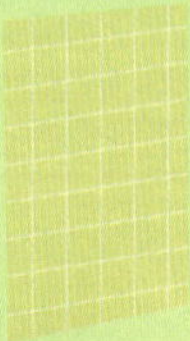
2,5 FEUILLES DE GÉLATINE (5 G)

25 G DE BEURRE

1 GOUSSE DE VANILLE

MATÉRIEL

1 BALANCE

2 GRANDS SALADIERS + 1 BOL

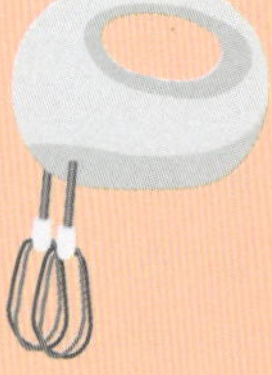
1 FOUET ÉLECTRIQUE

1 CERCLE À ENTREMETS DE Ø 20 CM

1 MOULE À GÂTEAU (Ø 18 CM)

1 FOUET

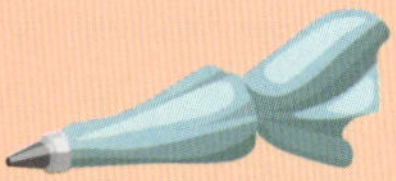
1 POCHE À DOUILLE

1 CASSEROLE

1 SPATULE SOUPLE

1 PINCEAU

RECETTE

POUR 8 PERSONNES
PRÉPARATION : 1 H • RÉFRIGÉRATION : 5 H
CUISSON : 15 MIN

La génoise

1 Avec un adulte, fais chauffer le **four à 190 °C (th. 6-7)**. À l'aide d'un fouet électrique, fouette les **œufs** et 100 g de **sucre en poudre** dans un grand saladier au bain-marie jusqu'à ce que ça mousse. Quand c'est chaud, retire du feu et continue de fouetter pour que ça refroidisse. Ajoute la **farine** et 40 g de **fécule** doucement avec une spatule pour ne pas faire retomber tes œufs.

2 Verse la pâte dans **un moule rond bien beurré** de 18 cm et fais cuire 15 minutes. Quand le gâteau est froid, **coupe dedans 2 disques** de 1 cm d'épaisseur.

La crème pâtissière

1 Fais tremper ta gélatine dans de l'eau froide pendant 10 minutes dans un bol. Coupe ta **gousse de vanille** en deux dans la longueur avec un couteau (demande de l'aide à un adulte si besoin) et gratte pour récupérer les **petits grains noirs** à l'intérieur ! Fais chauffer le **lait** dans une casserole avec la **gousse de vanille** et les **grains**.

2 Mélange les **jaunes d'œufs**, les 40 g restants de **sucre** et les 25 g restants de **fécule** avec un fouet dans un saladier. Verse un peu de **lait chaud** dedans, mélange au fouet, puis **remets tout dans la casserole** avec le reste de lait chaud (pense à retirer la gousse). Fais épaissir à feu doux **sans cesser de remuer** avec ton fouet.

3 Hors du feu, ajoute la **gélatine** égouttée et le beurre. Mélange bien pour les **faire fondre**. Mets la crème dans un saladier, couvre-la avec du film alimentaire et laisse-la **refroidir au moins 2 heures** au réfrigérateur.

La crème montée

1 Mets un **saladier au réfrigérateur**. Quand la **crème pâtissière** est bien froide, mélange-la quelques minutes avec le fouet électrique pour qu'elle devienne **toute lisse**.

2 Ensuite, fouette la **crème liquide** et le **mascarpone bien froids** (c'est très important !) dans le saladier rafraîchi. Avec une spatule, mélange cette crème montée avec la crème pâtissière. Tu obtiens ainsi **une belle crème diplomate** à la **vanille** toute lisse !

SUITE DE LA RECETTE PAGE SUIVANTE →

Le montage du gâteau

1 Pose **1 disque de génoise** au fond d'un cercle à pâtisserie de 20 cm (ou d'un moule à charnière). Coupe des **fraises** en deux et colle-les tout autour contre le cercle. Avec un pinceau, mouille la génoise avec un peu de **jus de citron**. Ajoute de la **crème vanille** avec une poche à douille (ou une cuillère) entre les fraises, puis sur tout le gâteau.

2 Ajoute **quelques fraises** coupées en cubes à l'intérieur. Recouvre-les avec **le 2ᵉ disque de génoise**, mouille-le aussi de jus de citron, puis recouvre tout de crème vanille. **Lisse le dessus** avec une spatule pour que le gâteau soit tout beau ! Laisse **reposer au frais 3 heures**.

La décoration

1 S'il te reste de la crème à la vanille, mets-la dans la poche à douille et fais des **petits dômes de crème** sur le dessus (tu peux demander à un adulte de t'aider). Ajoute des **fraises coupées** en deux ou en rondelles pour que ce soit encore meilleur !

2 Et si c'est pour un anniversaire, comme celui d'Anna… dispose des bougies et des petits bonbons !

L'ANECDOTE D'AURÉLIEN

LE SECRET DE LA CRÈME CHANTILLY

Savais-tu que la **crème chantilly** est un peu magique ? Eh oui, car quand on la fouette, elle devient **toute légère et mousseuse**.

Mais attention, elle a un **secret** : elle n'aime pas la chaleur ! Quand la crème est bien froide, de minuscules **gouttes de gras** arrivent à se coller les unes aux autres quand on fouette. Elles attrapent l'air et forment de jolies **petites bulles** qui font gonfler la crème. Mais si la crème est chaude… le gras fond et les bulles ne tiennent pas. La crème reste toute liquide, comme une flaque ! Alors, pour réussir une belle chantilly, n'oublie jamais : **crème bien froide, saladier bien froid…** et **fouet plein d'énergie !**

LE TRUC EN + DE SOURICETTE

Ajoute un peu de cette compotée au milieu de ton fraisier, entre les deux disques de génoise. Miam !

COMPOTÉE DE FRAISES

POUR 1 POT • PRÉPARATION : 15 MIN • CUISSON : 10 MIN

INGRÉDIENTS : 250 g de fraises • 25 g de jus de citron • 30 g de sucre en poudre

1. Retire la queue des **fraises** et coupe-les en petits morceaux (avec l'aide d'un adulte). Mets-les dans une casserole avec le **jus de citron** et le **sucre**.
2. Fais **chauffer à feu doux** (avec un adulte) et remue avec une cuillère pendant environ 10 minutes (baisse le feu si besoin pour éviter que la compotée brûle). Quand la compotée a bien épaissi, verse-la dans un bol et couvre-le de film alimentaire. Laisse **complètement refroidir** au réfrigérateur.

Anna est particulièrement fière
d'avoir réalisé un **fraisier** (presque) toute seule !
Elle aimerait bien y goûter... Elle s'approche en douce,
une patte tendue vers la **crème**...
Mais Charlie la retient doucement :
« Attends, Anna ! Il faut d'abord allumer
et souffler les **bougies** ! »

Papa Ourson avance en équilibre,
les bras chargés de boîtes, et le sourire en coin.
« Que fais-tu avec ces boîtes ? », demande Charlie, intriguée.
« **Une grande fête** se prépare dans le **jardin enchanté** !
lui répond Papa. J'apporte **tous les gâteaux** que vous
avez faits avec Anna. Vous pouvez être fières !
Maintenant, allez vite vous préparer,
tout le monde vous attend. »

Charlie et Anna sont super excitées.
Sur le chemin du jardin, elles découvrent au fil
des pas des **confettis**, des **chapeaux pointus**
et des **ballons** qui dansent dans le vent...
La fête promet d'être **grandiose** !

RETROUVE LES 7 DIFFÉRENCES

CHERCHE ET TROUVE

- COOKIES
- OURSONS
- CHOUQUETTES

« **Dis, Papa**, pourquoi ne sommes-nous pas comme les oursons en guimauve ? », questionne Charlie.
« Quand je travaille dans mon laboratoire, à la pâtisserie, toutes mes nouvelles **créations** suivent mes **inspirations**. Quand j'ai imaginé **mes premiers oursons**, j'ai tout de suite pensé à vous, et **la magie a opéré !** »

« Heureusement que je ne suis pas en chocolat, rétorque Anna en rigolant, sinon je me serais déjà **dévorée** ! »
Aurélien ajoute en souriant : « **La pâtisserie**, c'est avant tout **l'envie d'apprendre**, d'expérimenter, **de goûter** et parfois de faire quelques **bêtises sucrées**... Mais c'est aussi, et surtout, le bonheur **de partager** ces instants gourmands avec ceux qu'on aime. Un bon gâteau fait maison a ce fabuleux pouvoir de rassembler à une même table les plus **petits** comme les plus **grands** ».

SOLUTIONS DES JEUX

PAGE 11

PAGE 40

PAGE 98

PAGE 66

PAGE 124

PAGE 42

PAGE 68

PAGE 100

PAGE 126

AURÉLIEN

Ce livre n'aurait jamais vu le jour sans Marie. Ma belle-sœur, ma complice dans cette aventure sucrée, qui a relevé avec brio le défi d'imaginer tout un univers, de coécrire chaque histoire, de dessiner chaque détail, et de donner vie à ces deux petites oursonnes rêveuses et gourmandes. Ce livre, c'est autant le sien que le mien.

Merci à l'équipe des éditions Solar, pour leur confiance renouvelée et pour m'avoir accompagné une fois encore, avec bienveillance, dans ce troisième ouvrage, si différent des précédents.

Merci aussi à mes deux petites filles (et leur maman !) qui m'inspirent chaque jour bien plus que n'importe quelle recette. Car aujourd'hui, avant d'être pâtissier, je suis papa. Et comme tous les papas, j'ai cette profonde envie de transmettre ce que j'aime. De partager avec elles le goût du fait maison, des bons goûters, et le plaisir simple d'être ensemble.

Ce livre, je l'ai imaginé comme une porte ouverte. Vers la pâtisserie, bien sûr. Mais aussi vers des fous rires, des histoires, des moments complices entre enfants et parents. Un livre qu'on feuillette autant qu'on le savoure.

Si les aventures et les petites bêtises sucrées de Charlie et Anna vous donnent envie d'enfiler un tablier et de pâtisser ensemble, alors le pari est réussi.

Merci d'avoir ouvert ce livre. Et peut-être un peu votre cœur.

RETROUVEZ AURÉLIEN COHEN SUR :
www.aureliencohen.fr
@aureliencohen

POUR DÉCOUVRIR SES PÂTISSERIES :
Boutique Aurélien Cohen
Pâtisserie-Chocolaterie-Masterclass
60, rue de la Sablière,
92600 Asnières-sur-Seine

MARIE

Un grand merci à Aurélien pour sa confiance sur ce deuxième livre, merci de m'ouvrir les portes d'un univers aussi passionnant qu'inspirant : la pâtisserie pour enfants. Construire ensemble et associer nos talents a encore une fois été très stimulant ! Une pensée particulière à tous les personnages du livre et particulièrement Charlie et Anna, mes chères petites nièces. Merci à ma famille au sens large de soutenir ma sensibilité et de m'inspirer au quotidien.

Merci aux éditions Solar d'avoir porté ce projet dès les prémices et de lui avoir si joliment donné vie.

À tous les lecteurs de ce livre, merci de partager avec nous ce voyage poétique au cœur de la pâtisserie, pour les petits comme les plus grands !

RETROUVEZ MARIE THIBAULT SUR :
@mariette.illustration

Textes : Aurélien Cohen et Marie Thibault
Illustrations : Marie Thibault
Recettes : Aurélien Cohen

Direction : Didier Férat
Direction éditoriale : Fanny Ecochard-Martin
Édition : Diane Monserat
Conception graphique : Marie Thibault
Adaptation et mise en pages : Joséphine Cormier
Corrections : Marie Minuit
Relecture : Le Livre d'Après / Isabelle Raimond et Sophie Greloux
Photogravure : Chromostyle
Fabrication : Laurence Duboscq

92, avenue de France, 75013 Paris, France
Courriel : contact_solar@edi8.fr
Site Internet : www.lisez.com

ISBN : 978-2-263-19292-0
Code éditeur : L19292
Dépôt légal : novembre 2025
Imprimé en Chine par Toppan